LAS ESTACIONES

LO QUE VEO EN LA PRIMAVERA

por Danielle J. Jacks

TABLA DE CONTENIDO

tadpole en español

PALABRAS A SABER

arcoíris

botas de lluvia

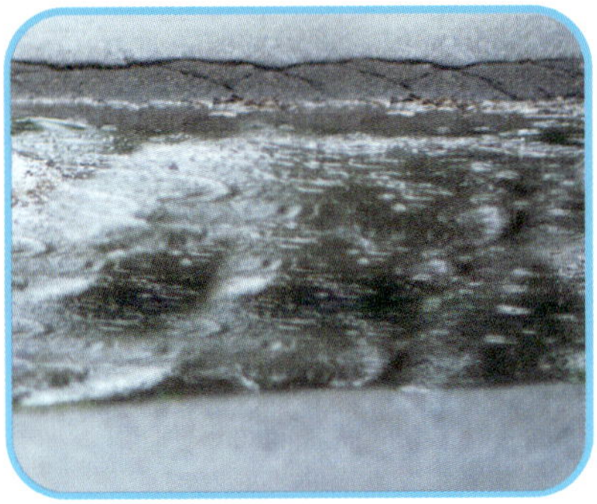

charcos

impermeable

paraguas

sol

LO QUE VEO EN LA PRIMAVERA

¡Ya llegó la primavera!

La nieve se derrite.

La lluvia cae.

impermeable

Uso un impermeable.

paraguas

Uso un paraguas.

Uso botas de lluvia.

¡Salto en los charcos!

Veo el sol.

¡Veo un arcoíris!

¡REPASEMOS!

Apunta hacia las cosas que usamos en la primavera.

ÍNDICE